Hygge

Jeden Tag glücklich sein – das

Geheimnis des dänischen Lebensttils

Inhaltsverzeichnis

Einleitung

Die Welt heute ist hektisch und voller Stress. Das beginnt bei der Arbeit und endet leider nicht mehr in der Freizeit. Hektik und Stress, das ist jedoch für uns Menschen kein natürlicher Zustand. Darum vermissen wir auch das, wofür wir Deutschen eigentlich berühmt waren, unsere deutsche Gemütlichkeit.

Ohne Gemütlichkeit und ohne Ruhe macht das Leben jedoch keinen Spaß. Stattdessen befinden wir uns in einem hektischen Zustand der Unzufriedenheit und sehnen uns nach Entspannung. Zugleich nehmen wir uns dann meistens vor, dass wir heute so richtig was schaffen, damit wir morgen oder nächste Woche dann ausspannen können. Das ist jedoch das genaue Gegenteil dessen, was wir eigentlich brauchen, denn der Moment des Entspannens wird so in immer weitere Ferne verschoben. Am Ende hetzen wir uns nur noch mehr ab.

Ein Hinweis auf unsere Bedürfnisse sind auch neue Worte, so wie „Entschleunigung". Damit ist gemeint, dass wir uns einfach nicht mehr rasend schnell durch unser Leben hetzen. Es bedeutet, dass wir innehalten und die Dinge auf uns wirken lassen.

Wenn wir jedoch einmal das Gemütliche verlernt haben, heißt das noch lange nicht, dass es kein Zurück gibt. Wir können sie nämlich wieder erlernen. Dafür brauchen wir uns nur unsere Nachbarn im Norden anzuschauen. Die Dänen scheinen sich das bewahrt zu haben, was wir vermissen. Darum wird es Zeit, dass wir uns an ihnen ein

Beispiel nehmen und die Gemütlichkeit und das Glück zurück in unser Leben bringen.

Kapitel 1: Hygge – Was ist das?

Hyggelig, das neue Wort aus Dänemark, das sich mit gemütlich, angenehm und geborgen übersetzen lässt. Dieses Wort schafft es in Deutschland, immer bekannter zu werden. Das ist auch kein Wunder, denn wir Deutschen lieben Gemütlichkeit, obwohl wir genau die verlernt zu haben scheinen. So schauen wir zu unseren dänischen Nachbarn und wollen wissen, wie die es schaffen, glücklich zu sein.

Das ganze Jahr über

Sag dir das Wort „Hygge“ oder „hyggelig“ einmal selbst vor und dann achte darauf, welche Bilder dabei in dir aufsteigen. Wahrscheinlich siehst du Kerzenlicht, Wolldecken, etwas Heißes zu trinken, ein Feuer im Kamin und vielleicht sogar noch eine Sauna. Das ist drinnen. Draußen aber hörst du prasselnden Regen, der Sturm heult und das Haus knistert vom Feuer im Kamin und der Kälte, die von außen an ihm nagt.

Der Eindruck macht auch Sinn, wenn man Dänemark kennt. Dort ist es kalt und dunkel, vor allem im Winter. Dazu bläst auch noch gerne mal ein Sturm. Das bedeutet aber nicht, dass du Hygge nur in der kalten Jahreszeit erleben kannst. Die dänische Gemütlichkeit und das dänische Glück lassen sich das ganze Jahr über ausleben.

Das liegt einfach an dem Lebensgefühl, das damit verbunden ist.

Hygge ist so viele Dinge auf einmal und am Ende doch nur ein einziges, so wichtiges. Es sind deine Freunde, deine Familie, deine Gemütlichkeit, deine Erlebnisse, deine Erinnerungen und am Ende doch immer nur wieder dein eigenes, ganz persönliches Glück.

Die Antwort auf den Stress

Hygge ist theoretisch überall möglich, doch es gibt Ausnahmen von dieser Regel. Überall dort, wo Stress und Hektik regiert, findest du kein Hygge. Wo die Leute unfreundlich sind, ihre Gesichter die teilnahmslos anblicken, da gibt es kein Glück. Wenn kaltes Neonlicht auf eine ebenso kalte Büroeinrichtung knallt, da hat Hygge keine Chance. Wo ein „Coffee to go“ das Frühstück ersetzt, da gibt es keine Gemütlichkeit.

Hygge ist das genaue Gegenteil von Stress. Es ist die Ruhe, die die Zeit dir bringt, wenn du sie mit Muße füllst. Es ist eine innere Aufmerksamkeit für dich, deine Bedürfnisse und dein eigenes Glück. Es ist die Besinnung auf das, was uns allen heute so sehr fehlt.

Das ist ja auch das eigentliche Problem, warum wir heute auf Hygge schauen. Während wir uns alle nach ein wenig Besinnung sehnen, fehlt uns genau dies in unserem Alltag. Wir stehen gewöhnlich unter Stress, müssen Dinge tun, die wir nicht mögen und können selbst in unsere Freizeit nicht mehr abschalten.

Das Ganze wird dann noch durch andere, negative Dinge verstärkt. So unternehmen wir nichts, treffen nicht unsere Freunde und lassen nicht in einer fröhlichen Runde die Seele baumeln. Vielmehr lümmeln wir uns allein vor der Flimmerkiste auf der Couch herum. Dann lassen wir uns von ihr berieseln und das erhöht sogar noch unseren Stress. Wie? Dank ein paar interessanter Einflüsse aus dem Programm.

Da sind zuerst die Nachrichten, die uns nur noch mehr Stress bringen. Dabei drehen sie sich meistens um Ereignisse, die weit weg von uns stattfinden und keinerlei Auswirkungen auf uns haben. Dennoch verhindert das, dass wir uns auf uns selbst besinnen können.

Dann ist da die Werbung, die uns ein Gefühl von Unzulänglichkeit einflößen möchte. Sie ist darauf aus, uns den Eindruck zu vermitteln, wir müssten ständig konsumieren, um vollkommen zu sein. Damit setzen wir uns selbst unter Druck.

Dann kommen noch eine Menge anderer Programme, die wir eigentlich nur deswegen einschalten, damit wir nicht mehr nachdenken müssen. Wir wollen uns vom Stress ablenken und verhindern zugleich die Besinnung auf uns selbst.

Da wir auf diese Weise niemals richtig zur Ruhe kommen können, brauchen wir uns auch nicht zu wundern, warum wir nicht mehr glücklich sind. Uns erfüllt das auf keinen Fall und darum schauen wir auch auf die Dänen. Darum müssen wir das einfach Konzept vom persönlichen Glück einfach noch einmal von Neuem entdecken.

Eine Frage der Einstellung

Hygge ist nichts, bei dem es auf Äußerlichkeiten ankommen. Du musst nicht dekorieren und einen schönen Schein zur Schau tragen. Was du machen musst, ist deine innere Einstellung zu verändern. Du musst dich auf dich selbst konzentrieren, auf das, was dir Behagen und Gemütlichkeit vermittelt, auf das, was dich glücklich macht. Dabei ist es auch nicht falsch, einfach immer wieder etwas Neues auszuprobieren, damit du auch weißt, was dich glücklich macht.

Schätze die einfachen Dinge

Die Werbung hat es uns ausgetrieben. Wir haben es verlernt, die einfachen Dinge im Leben zu schätzen. Wir haben uns darauf konzentriert, zu konsumieren. Dabei muss es immer neuer, besser und teurer sein. Erfüllt dich das aber wirklich? Bringt dir das die Ruhe, nach der du dich sehnst? Nein, es bringt dir einen Zustand permanenter Aufregung, denn du willst nur immer mehr und mehr dein Eigen nennen. Was du dann aber nicht hast, das ist dein Glück.

Konsumieren ist eine kurzfristige Befriedigung, die immer ein Loch hinterlässt. Deine Besinnung auf dich dagegen bringt dir Zufriedenheit mit dir selbst und deinem Leben, so, wie es ist. Das wiederum heißt, du hat dauerhafte Ruhe und dauerhafte

Befriedigung. Du bist dann entspannt und kannst einfach nur dein Leben führen.

Hygge beginnt damit, sich von dem Konsum zu lösen. Du kannst keine Zufriedenheit kaufen. Es kommt nicht darauf an, was du dir anschaffst, sondern wie du dich in deinem Innersten fühlst. Lass dir also nichts von der Werbung einreden.

Konsum, TV und dein Smartphone, das sind die größten Hindernisse, die einem echten Hygge im Wege stehen. Lerne, dich davon weitestmöglich zu trennen, und du wirst die gute, alte Gemütlichkeit der Dänen auch in deinem Leben finden.

Kapitel 2: Hygge daheim

Hygge daheim beginnt mit Licht und Gemütlichkeit. Es sollte dabei als alltäglich ausgelebt werden, anstatt es nur hin und wieder zu einer besonderen Gelegenheit zu veranstalten. Du willst doch bestimmt nicht nur von Zeit zu Zeit glücklich sein.

Die gute Nachricht ist, dass du nun nicht groß neue Möbel und andere Einrichtungsgegenstände anschaffen musst. Hygge ist keine neue Form des Verkaufes. Du brauchst nur all die alten, gemütlichen und ausgeleierten, abgetragenen und schon ein wenig angestoßenen Sachen, die du sonst hinten im Schrank versteckst.

Hast du dich in deinen alten Pullover eingerollt, dann fehlt noch eine alte Tasse mit heißer Schokolade und dann wird es hyggelig auf deiner Couch. Du brauchst das Ganze nicht mit Logik zu erklären und auch nicht mit kompliziertem Essen zu garnieren.

Deine kuschelige Ecke

Hygge fängt mit einem Lieblingsplatz an. Dort fühlst du dich heimisch und entspannt. Das kann einfach deine Couch sein, ein alter Sessel, dazu noch eine Decke und ein Kissen. Nimm ein Buch zur Hand und dann wird es so richtig hyggelig. Erinnerungsfotos von deiner Familie oder aus deinem Urlaub machen deine Ecke noch anheimelnder. Dann kannst du dich im Geiste an den fernen Strand versetzen oder einfach mit deinen Freunden zufrieden sein.

Das richtige Licht

Kaltes Licht aus Neonröhren und Deckenlampen ist keine Hilfe. Nimm dir eine schummerige Stehlampe oder ein paar Kerzen als Beleuchtung. Selbst eine Lichterkette versorgt dich mit heimeligem Licht, das Wärme spendet.

Das Licht sollte eher gelb als weiß sein. Damit stört es nicht so sehr in den Augen. Noch besser sind Salzlampen. Diese bringen dir eine gemütliche Atmosphäre und eine super Luft, die dein Heim ausfüllt.

Hygge in der Küche

Essen ist viel mehr als nur das Hineinstopfen von Nahrung. Du kochst und backst mit deiner Familie, mit deinen Freunden oder mit den Nachbarn. Da könnt ihr euch nett unterhalten, Geschichten erzählen und einfach gemeinsam den Stress vergessen und dafür Ruhe finden.

Hygge verbreitet dabei eine heimelige Atmosphäre, die du in diesem Moment dank des Kochens sogar riechen kannst. Dann ist da die Vorfreude, der gemeinsame Genuss und die Entspannung danach, wenn der Bauch voll ist.

Mit Gemütlichkeit, viel Zeit und ohne jede Hektik könnt ihr so mehrere Gänge, Kaffee, Süßes und noch mehr genießen. Nehmt euch bewusst nichts weiter mehr vor, so dass ihr das Essen mehr und mehr ausdehnen könnt. Dann entschleunigt ihr und erlebt alles um euch herum ganz bewusst.

Langeweile

Ja, das brauchen wir auch. Mach einfach mal nichts und genieße die Langeweile. Geht das nicht bei dir? Hast du das Gefühl, dass du was tun musst? Dann tu doch einfach etwas völlig Nutzloses. Setz dich hin und höre einfach Musik. Schau aus dem Fenster und sieh einem Baum zu, wie er sich im Wind bewegt. Fang an, zu stricken oder bastele irgendwas. Nimm dir diese Zeit und lass deine Seele endlich ein wenig baumeln.

Im Büro

Während Hygge im Büro grundsätzlich möglich ist, sind damit jedoch eine Menge Schwierigkeiten verbunden. Da ist die Hektik, da platzen die Kollegen herein und alles ist mehr oder weniger in ständiger Unruhe. Wenn du es jedoch schaffst, in einem Moment für dich zu sein und abzuschalten, dann hyggele auch hier. Wie? Nimm deine Lieblingstasse zur Hand. Hab´ eine Schale mit frischem Obst auf deinem Schreibtisch und ein paar nette Pflanzen auf dem Fenstersims. Was auch immer dich entspannt, wende dich dieser Sache zu. Genieße, vergiss die Hektik und entspanne dich.

Kapitel 3: Hygge

DRAUSSEN

Wir Menschen brauchen Natur. Wir müssen das Grün der Pflanzen sehen, die Luft des Waldes einatmen und den Wind auf unserer Haut verspüren. Das heißt also auch für dich, dass du mal raus musst. Für Hygge ist der Moment von Bedeutung und die Natur entspannt dich, darum ist sie hyggelig.

Die Natur ist immer da und immer interessant. Es macht keinen Unterschied, ob du sie im Sommer, Frühling, Herbst oder Winter erlebst. Regen oder Sonnenschein, Schnee oder Wind, das sollte dich niemals abhalten. Geh hinaus und lass die Natur auf all deine Sinne wirken. Dann fühlst du dich gesund und ruhig. Dann kannst du Kraft tanken und den Belastungen des Tages trotzen.

Hygge, das heißt nicht, einfach nur dazusitzen und die Entspannung auf dich zukommen zu lassen. Du kannst auch selbst aktiv werden. Geh raus und sei aktiv. Sammle Pilze, beobachte die Wolken oder Sterne. Geh wandern, fahre mit dem Rad durchs Grüne oder geh Schwimmen. Für jede Jahreszeit gibt es tolle Hygge Momente, die du nur ergreifen und auskosten musst.

Reisen

Nein, du musst nicht verreisen. Hygge ist da, wo du bist. Geh in deiner Region an attraktive Orte. Geh in die Natur. Geh zu Bekannten, Familienmitgliedern und Freunden. Geh dahin, wo du nicht in einer Menschenmenge untergehst, sondern dich entspannen kannst. Überall, wo du bist und dich wohl fühlst, da kommt Hygge zu dir.

Natur

Sei einfach draußen an der frischen Luft. Geh an den Strand, in den Wald, an einen Fluss oder auch nur in den Stadtpark. Lass alles auf dich wirken. Spüre die Sonne auf deiner Haut. Fühl den Wind über dich gehen. Rieche die Natur. Nimm alles wahr und tief in dich auf. Sammle Kastanien, veranstalte eine Schneeballschlacht, lieg im Gras, hab ein Picknick, komm mit der Natur in Berührung auf so viele Arten, wie es nur geht.

Allein oder zusammen

Ja, bei Hygge kommt es auf dich an. Heute willst du lieber allein spazieren gehen? Gut, dann geh allein. Du willst lieber mit deinem Partner unterwegs sein? Ja, dann tu das. Du willst mit Freunden in einer Gruppe durch die Natur ziehen? Warum nicht?

Bei Hygge kommt es nicht darauf an, die eine, die richtige Beschäftigung technisch perfekt auszuführen. Es kommt darauf an, das zu erleben, was dich entspannt. Das kann heute so und morgen anders aussehen. Es kommt auf dich an. Experimentiere, finde heraus, was dir wann gefällt. Setz dir keine Schranken. Halte in der Nacht nach Sternen Ausschau und erfreu dich am Tage an dem Anblick der Natur. Geh einfach nach draußen und lass Hygge geschehen.

Am Tag, am Abend und in der Nacht

Es gibt so viele Dinge, die du draußen machen kannst. Da ist das Wandern, da ist das Lagerfeuer, da ist ein Picknick und da ist ein Sonnenbad. Erlebe das Knistern des Lagerfeuers und back dir Folienkartoffeln. Lausche dem Wind in den Bäumen und geh wandern. Lass die Milchstraße auf dich wirken, wenn du nach den Sternen schaust. Geh im Winter spazieren, bis deine Nase rot ist und geh im Sommer im Fluss baden. Erlebe, was du erleben kannst.

In der Stadt

Tja, in der Stadt herrschen Hektik und Beton. Dennoch kannst du auch dort Hygge erleben. Setz dich in ein Café an der Straßenecke. Genieße ein Stück Kuchen. Im Sommer bietet sich ein Eis an und dann sind da noch die Restaurants im Freien. Auch im Winter bietet sich Hygge an. Sitz im Restaurant auf einer höheren Etage und überschaue die Straße und das Treiben dort. Lehn dich zurück. Stell dir eine Geschichte zu den Menschen vor, die du siehst. Hygge gibt es immer und überall. Es kommt nur auf dich an.

Kapitel 4: Nimm dir Zeit

Hygge, das ist auch die Kunst, dir die Zeit für dich selbst zu nehmen, die du brauchst. Dann kannst du einfach mal einen Ausflug machen, Freunde treffen oder auch einfach nichts tun und dich langweilen.

Tu, was du willst

Nimm dir Zeit für dich und tu nur das, was du willst. Kümmere dich nicht darum, was dir andere sagen, dass du es tu musst. Nein, denk an dich selbst, und nur das, was du tun willst, zählt.

Du weißt nicht, was du tun willst? Denk einfach mal nach. Was willst du ausprobieren, was könnte dir gefallen?

Versuch es einfach einmal. Tu es und sieh, ob du es genießt. Es heißt, leb jeden Tag so, als ob es dein letzter wäre. Da steckt eine Menge Weisheit drin. Denk als darüber nach, was du tun willst, wenn heute dein letzter Tag auf Erden wäre. Dann mach dich auf und tu es.

Deine Zeit

Zeit ist ein seltenes Gut und es rinnt dir nur so durch die Finger. Du kannst dir Zeit nicht anhalten und du kannst sie nicht auf die Bank packen. Alles, was du tun kannst, ist die Zeit, die du hast, richtig zu nutzen. Neudeutsch heißt das Zeitmanagement. Für dich heißt das jedoch, keine Zeit zu verlieren.

Das Leben ist kurz, darum solltest du es nicht auf Dinge verschwenden, die dir nichts bringen. Lebe einfach und lebe so, wie es dir gefällt. Lebe das, was dir gefällt. Erlebe das, was dich glücklich macht.

Das Leben ist kurz, doch es ist nur dann zu kurz, wenn du die Zeit wegwirfst. Das geschieht dann, wenn du nicht das tust, was dir gefällt. Jeder Moment ist kostbar und wir brauchen die Entspannung. Darum verwende deine Zeit auf dich und deine Ruhe, deine Entspannung und dein Glück.

Jeder Moment ist endlich

Dein Leben besteht aus hunderten unterschiedlichen Phasen mit Millionen unterschiedlicher Momente. Du gehst als Kind zur Schule und weißt, dass dies eines Tages vorüber ist. Dann, später, erinnerst du dich an deine Schulzeit zurück und vermisst sie.

Du erlebst jeden Moment etwas, das nicht wiederkommt. Du siehst deine Kinder aufwachsen und sie werden nie wieder klein sein. Du triffst die Liebe deines Lebens. Selbst wenn sie für immer bei dir bleibt, diesen Augenblick erlebst du nicht noch einmal. Du hast in jedem Moment nur eine einzige Chance eben diesen Moment zu erleben und auszukosten. Dies Chance wird nie wiederkommen. Darum musst du jeden einzelnen Moment nach vollen Kräften auskosten.

Was du in der Sekunde verschenkst, kann dir keine Ewigkeit mehr zurückgeben. Darum musst du jede Erfahrung in jedem Moment auskosten. Siehst du eine schöne Wolke, genieße sie. Lacht dein Kind mit dir, genieße es. Kostest du ein neues Essen und es ist überwältigend, bade in diesem Gefühl. Nimm dir die Zeit, dein Leben intensiv zu erleben.

Teile deine Zeit mit jemanden

Momente, die du allein verbringst, können dich glücklich machen. Momente jedoch, die du mit Freunden, deinem Partner, deinen Kindern oder deiner Familie verbringst, werden dich auf jeden Fall glücklich machen. Wir Menschen sind darauf ausgelegt, nicht allein zu sein. Erzwinge also keine Einsamkeit. Lass dich auf dich selbst ein und verbringe deine Zeit mit anderen Menschen, mit denen, die dir nahe stehen. Du wirst dafür jede Menge Glück und Zufriedenheit ernten.

Mit dem Alter rast die Zeit

Mit dem Alter beschleunigt sich die Wahrnehmung der Zeit. Im Alter aber erkennen wir auch, wie wertvoll sie wirklich ist und dann rennt sie uns nur noch davon. Darum ist es wichtig, dass du dich so früh wie möglich dir selbst und den Leuten in deiner Umgebung widmest.

Die Menschen schauen jeden Tag fast einhundertmal auf ihr Smartphone. Dennoch sind sie allein. Andere Menschen verbringen Zeit mit ihrer Familie und lassen ihre

Handys links liegen. Diese Menschen fühlen sich geborgen, angenommen und glücklich. Erlebe deine Mitmenschen im Hier und Jetzt. Kümmere dich nicht um dein Smartphone.

Andere Menschen, das ist auch eine Entschleunigung. Zusammen nehmt ihr euch Zeit. Ihr unterhaltet euch, teilt eure Erlebnisse mit, bastelt oder spielt etwas. Das macht glücklich und vertreibt jede Trübsal. Stress hat dann keine Chance mehr.

Halte inne und genieße die Gegenwart

An der Vergangenheit kannst du nichts mehr ändern. Wenn du nun das Gefühl hast, dass du etwas falsch gemacht hast, dann lass es los. Wenn du das nicht tust, dann überträgst du diesen Fehler auf die Gegenwart.

Die Zukunft ist noch nicht geboren. Auch dort kannst du nichts ändern. Du kannst sie nur auf dich zukommen lassen und nur dann etwas unternehmen, wenn die Zukunft zur Gegenwart wird.

Die Gegenwart, das ist die einzige Zeit, in der du etwas tun kannst. Das ist auch die einzige Zeit, die du wahrnehmen, erleben und auskosten kannst. Konzentriere dich also auf das Hier und Jetzt. Hab keine Angst vor dem Morgen und lass dich nicht vom Gestern gefangen halten. Koste das aus, was im Moment geschieht. Sei ein Teil deines Jetzt. Lebe und erlebe es und du wirst dich auf dich selbst besinnen.

Konzentrierst du dich auf das Hier und Jetzt, dann hast du auch genau das, wonach die Menschen im Grunde genommen suchen. Dann hast du Muße. Dann kannst du das tun, was dir wichtig ist, und glücklich sein.

Deine Zeit gehört dir

Nimm dir die Zeit, die du brauchst. Das ist einfacher gesagt, als getan. Da sind all die Zwänge und Erfordernisse. Da bleibt eigentlich keine Zeit für dich selbst. Ohne diese Zeit jedoch bist du nicht du selbst. Du lebst dich nicht selbst und du erlebst nicht dein Leben. Du bist nur ein Spielball der anderen.

Nimm dir die Zeit für dich, denn du hast sie verdient. Deine Zeit gehört dir, nur dir und du bestimmst, was du damit anstellst. Fang damit an, dass du dich jeden Tag für 30 Minuten ausruhst. Tu nichts anderes in dieser Zeit. Hast du das geschafft, ohne dass du dabei ein schlechtes Gewissen bekommst, kannst du diese Zeit ausdehnen und sie langsam mit Aktivitäten füllen, die dir am Herzen liegen. Dann kannst du deine Zeit wieder für dich nutzen.

Kapitel 5: Spiel mal was

Spielen macht glücklich. Spielen bringt dir neue Ideen. Es lässt dich abschalten, dich auf dich selbst besinnen und damit bringt es dir Hygge. Wer spielt, der konzentriert sich auf das Hier und Jetzt. Beim Spielen versinkst du in eine andere Welt, eine Welt, die du magst. Nimm das Spielen ernst, damit du das Leben nicht ernst nehmen musst.

Aus der Kindheit

Als Kinder haben wir die Zeit geliebt, in denen wir mit unseren Eltern gespielt haben. Da gab es Monopoly oder das gute alte „Mensch, ärgere dich nicht!“. Wir waren froh über unsere Siege und wir ließen uns trösten, wenn es mal nicht so geklappt hat.

Kinder sind natürlich. Sie empfinden natürlich, denn sie haben noch nicht gelernt, sich zu verstellen. Sie wollen, was sie wollen und es macht sie glücklich, was sie glücklich macht. Da muss nichts vorgegeben werden. Da muss kein Schein gewahrt sein. Da ist einfach nur das natürliche Vergnügen.

Warum haben wir als Erwachsene verlernt, zu spielen? Warum sitzen wir allein daheim? Warum denken wir, dass Spiele nichts für Erwachsene sind? Wir müssen uns nicht selbst bewerten und auf uns herabsehen. Wir können natürlich vor uns selbst sein. Dann können wir auch dann noch spielen, wenn wir keine Kinder mehr sind. Dann können wir unsere kleinen Siege erleben und uns an den Siegen der anderen erfreuen.

Mit Freunden

Besonders Brettspiele schaffen eine gelungene Atmosphäre. Du bist mit deinen Freunden zusammen. Ihr spielt, redet, trinkt etwas und seid einfach nur beisammen. Ihr teilt ein Erlebnis, an das ihr euch noch lange erinnern werdet.

Der Spieltrieb ist ein wesentlicher Bestandteil der menschlichen Natur. Dazu kommen das gemeinsame Erleben und die Entspannung, wenn du unter Freunden bist. Das ist nichts, was du dir selbst vorenthalten solltest.

Spielen ist einfach angenehm

Spielen ist eine Tätigkeit, die von dir von Natur aus als angenehm empfunden wird. Nimm dir also die Zeit und gönn dir das Vergnügen. Be- oder Verurteile dich dafür nicht selbst. Geh einfach mit dem Ganzen mit und erlebe das Vergnügen mit all seinen Facetten. Das ist ebenfalls die Besinnung auf dich selbst.

Kapitel 6: Sei offen

Sei wieder offen für neue Erfahrungen. Sei neugierig auf die Dinge, die du nicht kennst. Erwarte nicht etwas Bestimmtes, sondern lass dich einfach überraschen. Neues zu erleben, das ist aufregend und es macht glücklich. Das ist deine Einstellung zum Hygge.

Loslassen

Jeden Tag werden wir von anderen regiert. Da sind die Erwartungen, die sie und die wir selbst an uns stellen. Da sind die Ängste, die wir haben, dass wir nicht gut genug sind. All das nimmt dir deine Freiheit, zu tun, was du möchtest.

Lass los. Vergiss das, von dem du meinst, es sei richtig. Höre nicht mehr auf die Erwartungen, von denen du denkst, dass andere sie an dich stellen könnten. Hab keine Angst vor dem, was geschehen kann. Geh los und probiere etwas Neues aus. Versuche jeden Monat, jede Woche oder jeden Tag, einfach wann immer du kannst, mehr zu erleben. So lernst du die Welt und dich selbst kennen.

Je mehr du ausprobierst, desto mehr verstehst du dich. Desto mehr weißt du auch, was dich glücklich macht. Wenn du die Dinge einfach tust, dann wirst du einfach mehr erleben und mehr wissen, als du es mit Konsum je könntest.

Neue Ideen

Unser Leben und unser Zusammensein mit unseren Freunden, unserer Familie und unseren Bekannten hängt immer auch von neuen Ideen ab. Je mehr Ideen wir haben, desto mehr können wir erleben. Je mehr wir erleben, desto mehr werden wir lernen und desto mehr werden wir uns an unserem Leben erfreuen.

Neugier, die Sucht nach dem Neuen, das ist ein wesentlicher Bestandteil eines ausgefüllten Lebens. Routine, jeden Tag das gleiche Einerlei, das ist das genaue Gegenteil. Neugier schafft die Lust auf mehr und ermöglicht Veränderung. Mit Veränderungen besteht auch immer eine gute Chance darauf, dass diese Veränderungen tatsächlich Verbesserungen sind.

Neugierde macht flexibel

Wenn du neugierig bist, dann lernst du viel mehr. Dann wirst du auch unglaublich flexibel und das macht dich Krisen gegenüber resistent. Dann kann dir Stress kaum noch etwas anhaben und du durchlebst jeden Moment so, wie du willst. Dann machst du aus einer Katastrophe die Basis für deinen nächsten Erfolg.

Ohne Neugier dagegen gibt es nur Stillstand. Dann lernst du nichts und dann bist du verwundbar. Wann immer es zu einem negativen Event kommt, bist du diesem hilflos ausgeliefert.

Mach einfach mit

Wenn du neugierig bist, hast du auch mehr Freunde. Dann machst du nämlich einfach mal nur mit. Du lernst so neue Menschen kennen und machst neue Erfahrungen mit ihnen. Und so gewinnst du mehr Freunde und lebst ein glückliches Leben.

Kapitel 7: So richtig hyggelig

Hm, nun sitzt du da und fragst dich, wie sollst du Hygge denn nun umsetzen. Keine Angst, du bist mit dieser Frage nicht allein. Hier sind ein paar Antworten, die für dich als Ideen nutzen kannst. Arbeite damit, experimentiere und finde heraus, was davon für dich am besten funktioniert.

Den Anfang macht das Einfache. Verzichte auf knallbunte Farben und komplizierte Muster. Du suchst Ruhe und die nimmst du auch aus deiner Umgebung in dich auf. Daher ist es besser, daheim einen ruhigen Farbton zu haben und alles so zu arrangieren, dass sich daraus harmonische Schattierungen ergeben. Nicht leer sollte es sein, aber auch nicht komplett überladen. Versuch es einfach. Lass dich darauf ein und du wirst sehen, wie sich deine Stimmung verbessert.

Wir brauchen vor allem Licht. Es sollte jedoch nicht kalt und unnatürlich sein. Das Licht der Natur bekommst du am besten von Kerzen. Diese schaffen eine warme und gemütliche Atmosphäre. Damit entspannst du von ganz allein. Du kannst dem Spiel der kleinen Lichter und Schatten zusehen. Das treibt die Fantasie und die Erinnerung an.

Die Gemütlichkeit erlebst du am besten im Bett. Ja, normalerweise wachst du auf und schon gehst du auf volle Geschwindigkeit. Da ist noch dies und jenes, das erledigt werden muss und überhaupt willst du nicht als faul gelten. Falsch! Nimm dir einfach eine Stunde Zeit und lieg diese nur im Bett, kuschle dich ein und lass deine Fantasie spielen. Träum vor dich hin und du entschleunigst von allein. Lass dich von Nichts unter Druck setzen. Stell deinen Wecker darauf ein, dich in einer Stunde erneut zu wecken. Lieg einfach nur da und genieße die Stille, bis der Alarm kommt. Damit brauchst du nicht ständig auf die Uhr zu schauen, denn das allein sorgt schon wieder für einen mentalen Druck.

Schaff dir eine Ecke, die nur für dich bestimmt ist. In dieser baust du deinen Rückzugsort auf. Nimm dazu Kissen und Decken und leg ein gutes Buch parat. Wann immer du ein wenig Ruhe möchtest, gehst du dort hin, lümmelst dich herum und genießt das Buch. Toll ist es auch, wenn du ein Fenster in der Ecke hast. Dann kannst du einfach nur hinaussehen und die Natur in dich aufnehmen.

Koch nicht für dich allein. Umgib dich mit deiner Familie oder deinen Freunden. Trefft euch in der Küche und kocht gemeinsam. Dabei lässt es sich wunderbar ein wenig plauschen. Das macht Spaß und ist so richtig heimelig. Danach könnt ihr gemeinsam Essen und euch entspannen. In der Gemeinschaft fühlen wir uns auch heute noch immer am besten.

Wickel dich in ein paar warme Sachen ein und geh auch im Winter vor die Tür. Du kannst dabei so viel machen und erleben. Geh spazieren oder setzt dich auf deine Terrasse. Nimm dir einen Glühwein, einen Tee oder einen Kaffee mit und genieße die Wärme in deinem Inneren. Wichtig ist, dass du diese Zeit einfach für dich reservierst und sie komplett auskostest. Spüre den Wind, hör auf die Geräusche, schließ auch mal die Augen, um wirklich alles wahrzunehmen. Da steigen die Erinnerungen aus deiner Kindheit von ganz allein in dir auf.

Miste dein Zuhause aus. Alles, was du nicht brauchst und das vielleicht nach Unordnung aussieht, kommt weg. Du kannst es wegwerfen oder in einem separaten Speicherraum aufbewahren. Damit wird dein Lebensbereich geordnet und aufgeräumt. Das erlaubt es dir, die wichtigen Dinge wieder bewusst wahrzunehmen und sie auf dich wirken zu lassen.

Ersetze die Dinge, die du weggeschafft hast, mit guten Erinnerungen. All die Gegenstände, die dir etwas bedeuten, solltest du nun hervorholen. Lass sie die Bilder deiner Reisen, deiner alten Freunde oder deiner Familie zu dir bringen. Häng dazu Fotos auf, die deine Lieben und dein Leben zeigen. Nimm deine Geschichte damit wieder wahr und nimm sie erneut in dich auf.

Behalte all das, was kuschelig ist. Das sind vor allem alte Möbelstücke und schon lange genutzte Gegenstände. Diese Sachen hast du schon an dich angepasst und sie mit einer Geschichte verbunden. Sie sind ein Teil von dir. Nutze sie und entspanne dich mit dir selbst.

Schlusswort

Hygge und hyggelig, dein Weg zurück zu den Wurzeln deiner Natur. Damit kannst du dich auf dich selbst besinnen und einfach abschalten. Damit bringst du die Ruhe und Gemütlichkeit zurück in dein Leben und kannst dieses wieder bewusst wahrnehmen und genießen.

Hygge, das ist nicht nur ein Stil daheim, es ist eine Einstellung zu deinem gesamten Leben. Es bedeutet, dass du dein Heim heimelig machst, dich mit Freunden umgibst und auch in die Natur gehst. Es bedeutet auch, dass du offen für Neues bist und einfach dich selbst auslebst. Es ist wirklich genau das und so einfach. Folge daher Hygge und sei wieder glücklich.

Impressum

Impressum:

ALI KALAI TLEMCANI

1 Complexe El hassani Immeuble Amal 2

90000 TANGIER

Marokko

Fotos:

© Apolinarias / https://depositphotos.com/191

470994/stock-illustration-time-to-hygge.html

Wichtiger Hinweis:

Die in diesem Buch enthaltenen Informationen dienen ausschließlich informativen Zwecken und dürfen unter keinen Umständen als Ersatz für eine professionelle Beratung oder Behandlung durch ausgebildete und anerkannte Ärzte angesehen werden. Diese beinhalten keinerlei Empfehlungen bezüglich bestimmter Diagnose- oder Therapieverfahren. Die Inhalte dürfen niemals als eine Aufforderung zur Selbstbehandlung oder als Grundlage für Selbstdiagnosen und -medikation verstanden werden. Die Informationen spiegeln lediglich die Meinung des Autors wieder. Der Autor übernimmt für die Art oder Richtigkeit der Inhalte keine Garantie, weder ausdrücklich noch impliziert.

Sollten Inhalte des Buches gegen geltendes Recht verstoßen, dann bittet der Autor um umgehende Benachrichtigung. Die betreffenden Inhalte werden dann umgehend entfernt oder geändert.

Printed in Poland
by Amazon Fulfillment
Poland Sp. z o.o., Wrocław

79638917R00036